A. M. Gambetta.

DE LA CONSTITUTION

DU

PARTI RÉVOLUTIONNAIRE

EN FRANCE

DE LA CONSTITUTION

DU

PARTI RÉVOLUTIONNAIRE

EN FRANCE

PAR

VICTOR ARNOULD

BRUXELLES

IMPRIMERIE & LITHOGRAPHIE H.-D. REYNDERS

51, rue du Marais, 51

1870

DE LA CONSTITUTION

DU

PARTI RÉVOLUTIONNAIRE

EN FRANCE (1)

—o•o⦂⦂o•o—

I

Ainsi, c'est entendu. Ils l'ont redit sur toutes les gammes. La terreur administrative, les intempérances des réunions publiques, l'ignorance de la masse électorale ont fait la majorité du 8 mai. Que l'Empire se relâche,

(1) Nous étant rencontré avec M. Gambetta lors de son récent passage à Bruxelles, nous eûmes avec lui une conversation sur la situation faite à la France par le plébiscite ; ce travail est le résumé des réponses et des objections que les idées du représentant le plus distingué de l'opposition radicale et républicaine française nous suggérèrent à cette occasion.

que les villes s'amendent, que le peuple français se pénètre de la science de MM. Delescluze et Peyrat, et la France est sauvée. Rien
de plus simple, comme on voit. L'histoire, depuis vingt ans, est un malentendu. Le 2 décembre, l'Empire, le conservatisme obstiné
des paysans ne sont que des accidents passa-
gers, des défaillances, un aveuglement, qui
cesseront le jour, sans doute prochain, où les
astres de Paris, la gauche, les formalistes de
la démocratie se lèveront sur les campagnes.

Nous n'attendions pas, du parti qui depuis
vingt ans tire l'horoscope de la France et que
tous les événements démentent, une autre ex-
plication. A la veille de toutes les crises, nous
avons retrouvé ses illusions ; au lendemain de
toutes les catastrophes, nous avons entendu
ses malédictions, prodiguées à tout ce qui
l'entoure, à la situation, aux choses, au peuple;
il n'y a que lui d'impeccable ! Ce n'est pas nous
qui chercherons à convertir cette gauche que
rien n'éclairera. Ses traditions, son tempéra-
ment, sa rare ignorance de l'économie de nos
sociétés modernes, son monstrueux dédain du
peuple sont des obstacles dont nous ne triom-
pherions pas. Le parti socialiste n'a du reste
la prétention de convertir personne par des
lumières venant de plus haut. Il lui suffit
d'accepter l'histoire, de l'expliquer, de rester

dans le courant des choses, de puiser ses forces dans ce qui est.

Et s'il peut établir qu'ayant conscience de la situation, il a des forces suffisantes pour y faire face ; que dans le vote du 8 mai il retrouve la Révolution tout entière avec tous ses éléments et toutes ses espérances ; s'il peut établir que, loin de désespérer, il se connaît plus que jamais capable d'organiser, de mener à bonne fin la Révolution, dont il possède seul les éléments et l'idée, il en faudra conclure que seul il peut faire face à l'Empire et aspirer à la confiance du peuple.

SIGNIFICATION DU VOTE.

Le vote du 8 mai a replacé entre les mains de l'empereur Napoléon III la force, la force tout entière, matérielle et morale, il n'y a pas à chicaner.

Sept millions trois cent mille voix, venant étayer l'organisation de l'État la plus formidable qui fut jamais, sont le dernier mot de la force matérielle.

Le désarroi de tous les partis politiques après le plébiscite prouve assez que la force morale a passé du côté de l'Empire.

Les catholiques et légitimistes offraient le despotisme idéaliste et symbolique ; le peuple a répondu : non ! Autant vaut le despotisme brutal, sans phrases.

Les orléanistes proposaient la monarchie parlementaire et tempérée ; le peuple a répondu non ; plutôt la monarchie simple, absolue, sans contrepoids.

La gauche présentait la forme républicaine de l'État ; le peuple a répondu non ! A l'égalité de forme, d'apparence et d'apparat, nous préférons l'inégalité consacrée.

Les irréconciliables prônaient l'État révolutionnaire et volcanique ; le peuple a répondu non ! L'État de son essence est conservateur, qu'il reste tel.

Et c'est après l'exercice, pendant vingt ans, d'un pouvoir personnel qui a accumulé fautes sur fautes, qu'une majorité numérique énorme a fortifié le pouvoir personnel.

C'est après une lutte où toutes les oppositions ont prodigué des hommes de talent, fait jouer tous les principes de la politique, épuisé toutes les combinaisons de l'esprit, que la France en masse a balayé les oppositions.

L'Empire lui-même a disparu, il ne reste que l'Empereur, un homme, un vieillard, disposant de la France autant que la force peut en disposer.

Un pareil résultat, c'est, ou bien l'abdication de la France, ou bien l'instinct, dans le peuple, de réformes plus profondes que toutes celles que lui proposaient les partis politiques.

Un pareil résultat, c'est la mort, ou la Révolution sociale.

LA FRANCE NE VEUT PLUS DE RÉFORMES APPARENTES.

Pourquoi la France est-elle devenue indifférente aux changements dans la forme de l'État?

Parce que depuis le commencement du siècle il n'y a pas une des formes connues de l'État que la France n'ait expérimentée; il n'y a pas de parti politique qu'elle n'ait vu au pouvoir; il n'est pas de promesses, pas de vues, pas de plans politiques qu'elle ne leur ait donné la puissance de réaliser.

Et cependant, à travers toutes ces formes de gouvernement, l'accroissement des impôts a été continu.

Des grands services de l'État, aucun n'a subi une modification sérieuse.

Monarchiques ou soi-disant républicains, les ministères traînent après eux leurs mondes de créatures, leurs budgets, leur vaste parasitisme, et les richesses de la nation s'engouffrent dans cette organisation monstrueuse.

Les cultes, l'armée, la diplomatie : autant de fonctions improductives, dévorantes et néfastes ; autant d'instruments d'autorité pure.

L'instruction, la justice, les travaux publics, autant d'usurpations de l'État sur l'initiative libre des groupes naturels.

Et ce sont ces six ou sept fonctions, tantôt nuisibles, tantôt abusives, qui constituent l'État.

Que demain M. Favre, M. Simon, tous les autres arrivent au pouvoir, ils se partageront ces fonctions ; mais quelle transformation radicale leur feront-ils subir ?

Ils l'ont bien prouvé en 1848 ; aujourd'hui comme alors ils consentiraient à changer le personnel de la magistrature, à voiler l'action du clergé, à flatter le peuple pour lui faire illusion sur eux et sur lui-même.

Aujourd'hui comme alors ils pactiseraient avec les superstitions, octroieraient des routes en vue des élections, feraient la guerre, appropriant à leur raison d'État et à leur politique les armes usées par César.

Quant à l'organisation même de l'État, à la suppression des budgets des cultes, de la diplomatie, de l'armée, à l'instruction intégrale donnée au peuple, à l'élection des magistrats par le suffrage de tous, à la multiplication des cours d'arbitrages, des tribunaux consulaires et professionnels, à l'abandon des travaux publics aux déterminations de conseils de l'industrie, de l'agriculture, du commerce, seuls intéressés, seuls compétents, pas un d'entre eux n'y songe, car tous ils ont besoin de ces instruments de règne pour gouverner la France.

Or, la France en a assez d'être gouvernée. Elle veut être constituée.

Elle sait que toutes les réformes dans les services publics sont vaines s'il subsiste dans la nation des exploitants et des exploités, des maîtres et des instruments de leur richesse. Elle sait que le premier bien d'une république c'est de pouvoir être publique, de n'être pas la domination de quelques-uns, d'un parti, d'une caste, d'une classe. Inégales en puissance, les unes dominent les autres, combattent les autres, ne se jugent sauvées et libres que si d'autres sont asservies. Les unes sont relativement indépendantes comme celles des propriétaires paysans et urbains, les autres sont absolument soumises comme celles des salariés et même du petit commerce ; une autre enfin est pleinement souveraine, sans contrepoids, sans contrôle, c'est la finance, le haut capitalisme industriel, commercial.

Ce sont ces classes qui ont voté, c'est d'elles que se compose la France, ce sont leurs antagonismes, leurs luttes, leurs victoires qui sont l'histoire de la France moderne. Voilà ce que sait le peuple, que c'est l'ordre social qui est en question et non la forme politique. Voilà pourquoi le socialisme seul peut donner la clef de la situation et peut seul sauver la France.

Que M. Favre, que M. Gambetta, que M. Delescluze écoutent ces classes et apprennent à les connaître, avant de leur indiquer leur voie et de les excommunier si elles n'obéissent.

Qu'ils suivent la logique de ces éléments de l'histoire française depuis cent ans et qu'ils y comparent leur propre logique. Ils reconnaîtront que ce peuple en sait plus long qu'eux sur ses intérêts véritables, qu'il voit plus clair qu'eux, les savants, et que s'il convient à quelqu'un d'être mené, c'est bien à ceux qui, depuis vingt ans, cherchent leur route et ne la découvrent pas !

ANTAGONISME NÉCESSAIRE DU SUFFRAGE DES CAMPAGNES ET DE CELUI DES CENTRES.

Quelles parties de la France ont voté en masse en faveur de l'ordre de choses existant ?

Sont-ce des régions territoriales ? Est-ce le Nord ? Est-ce le Midi ? Non ! tous les intérêts de même nature, d'un bout à l'autre du pays, suivent une tendance commune.

En faveur de l'ordre se sont prononcés en masse les agriculteurs, le peuple des campagnes. Toutes influences particulières, toutes passions locales disparaissent devant une pareille unanimité. Elle est formidable, elle est écrasante.

Est-ce l'ignorance des paysans qui est coupable, comme la gauche le répète sans cesse?

Il n'y a pas dans une nation de classe tout entière ignorante. Le paysan français est retors, plein de ressources et d'artifices, sceptique, d'une intelligence étroite, personnelle, mais aiguisée par une lutte ardente pour la vie. Il sait ce qu'il veut, et s'acharne après son intérêt jusqu'à la férocité. S'il a voté pour l'ordre, c'est qu'il entend que l'ordre subsiste, dussent périr les ouvriers et les villes; c'est qu'en dehors de l'ordre existant, il ne voit rien que trouble ou folie.

Si les révolutionnaires entendent changer la forme du Gouvernement, que lui importe? Il a traversé toutes les formes, et n'a rien gagné à aucune d'elles. S'il veulent toucher au fond, à l'ordre social, quelle sera sa part? Que deviendra sa propriété?

Car le paysan est plein d'intelligence, mais il est propriétaire.

Il l'est avec obstination, avec furie, parce qu'il l'est devenu révolutionnairement.

Il craint qu'une révolution n'ôte ce que l'autre a donné, et il est pour l'ancienne contre la nouvelle, pour 89 contre 1870.

Car c'est la grandeur de la France moderne, qu'une révolution peut y combattre une autre révolution, mais que le passé véritable est mort pour toujours. Depuis Sieyès le câble est rompu.

Telle est la signification des millions de voix. L'Empire a les paysans, il les a eus en 1844, il les a eus en 1851, en 1857, en 1863, en 1869 aussi, il n'a qu'eux en masse, mais il les possède invinciblement. Demain, par un coup de hasard, l'Empire tomberait, qu'ils s'attacheraient avec la même obstination au Gouvernement nouveau, et le maintiendraient figé dans le principe propriétaire individualiste. Au paysan sa famille et son champ ! Tant pis pour ceux qui ne peuvent avoir ni champ ni famille ! De par le nombre et le suffrage universel, il leur imposera ses besoins et ses goûts, dussent-ils en mourir.

Que feraient à cela la propagande, l'instruction ? Il n'y a qu'une transformation économique, matérielle, comme l'introduction des machines dans l'agriculture ou le rachat des terres par les grandes compagnies qui pourrait, en faisant des paysans des salariés, les ramener dans l'orbite des villes et de l'industrie, dans le cercle de la révolution nouvelle. Jusque-là cinq millions de propriétaires fonciers des campagnes, sans compter les propriétaires urbains, restent inébranlables sur le lambeau de droits qu'ils ont conquis il y a cent ans. Leur propriété est dévorée par l'usure, mangée par l'hypothèque, telle quelle, ils la gardent, comme leur terre rongée de charançons et de rats.

Mais si le paysan, si le propriétaire urbain sont conservateurs quand même, et ne veulent que bâtir sur le fond qu'ils possèdent déjà, tous les serfs du grand capital, les ouvriers industriels, les petits commerçants, dont les conditions actuelles de vie n'étaient pas faites en 93, ont un besoin immédiat, absolu, d'une révolution en leur faveur.

Ici encore le plébiscite est lumineux. Tous ont voté pour la révolution immédiate! Ils sont les victimes du siècle, et n'en sortiront pas sans l'avoir redressé.

Dix fois le vote des paysans les écrase, dix fois leur protestation reste identique.

Ils font 48, ils sont leurrés ; ils s'y reprennent en juin, ils sont décimés ; ils reviennent en 49, ils sont écrasés le 2 décembre ; après vingt ans on leur rend la parole, ils se retrouvent socialistes, invinciblement, et les réunions publiques, et le vote de juin et le plébiscite les montrent tels que 1848 les a révélés, tels qu'en 1834 ils poussèrent à Lyon leur premier cri.

La gauche les voudrait un peu moins socialistes, pour que les paysans fussent un peu moins propriétaires.

Insensés!

Les paysans, hommes du travail parcellaire, disséminé, ont besoin de garanties individuelles. Ils ont la propriété : elle leur suffit, ils la gardent.

Les ouvriers industriels, tous les salariés, tous dépendants du grand capital, ont besoin de garanties collectives, parce qu'ils forment des collectivités productrices. La propriété individuelle est pour eux un rêve impossible, extravagant. Ils sont socialistes.

Les uns et les autres sont ce qu'ils doivent et peuvent être, rien de plus, rien de moins !

Les paysans peuvent-ils par leur vote transformer les conditions mêmes de travail et de vie des ouvriers industriels ?

Non.

Les villes pourraient-elles par une dictature transformer les conditions mêmes du travail des campagnes ?

Non.

Avant comme après un vote universel, avant comme après une révolution politique, la situation, de part et d'autre, reste la même.

Que le pouvoir et la force soient donc mis tantôt au service d'une majorité conservatrice, tantôt d'une minorité révolutionnaire, le pouvoir ne peut rien, sinon diviser, déchirer plus profondément la France. Tous les partis politiques sont impuissants.

Que faudrait-il ?

La conscience venant au paysan que les salariés ont raison d'être socialistes, de chercher des garanties collectives, et la confiance qu'ils pourront accomplir leur révolution sans mettre en péril les droits acquis du paysan.

La conscience venant aux salariés et serfs du capitalisme que le paysan a raison d'être propriétaire, de défendre ses garanties individuelles, et la confiance de suffire seuls à leur propre besogne.

Leur propriété sauve, les paysans auraient-ils intérêt à maintenir les salariés dans la dépendance du grand capitalisme ? Nullement.

Leur révolution sauve, les villes et les ouvriers industriels auraient-ils intérêt à affaiblir la propriété des paysans ? Point.

Ils n'auraient donc plus aucun besoin de se menacer, de se terroriser les uns les autres. Un Etat immense et armé en guerre, capable de les contenir à tour de rôle, deviendrait inutile. L'Empire serait frappé dans la raison même de son existence, car il ne représente que la guerre des classes, que la prédominance de l'une sur l'autre.

Qu'avons-nous maintenant à démontrer, après avoir exposé la situation sous son jour véritable ?

Nous avons à démontrer que le peuple salarié, non seulement a l'intelligence de la révolution qu'il doit accomplir, mais qu'il possède des forces et des moyens qui lui sont propres, qui n'ont pas d'action en dehors de lui, mais qui dans son milieu sont invincibles parviendront au but qu'il se propose. Nul danger pour les paysans, certitude absolue pour le salariat d'aboutir seul par ses propres forces.

II

LA FRANCE ÉCONOMIQUE A LA PREMIÈRE RÉVOLUTION.

L'avénement graduel, irrésistible, des collectivités ouvrières sera le fait culminant du XIXe siècle; elles créeront un droit nouveau, le droit économique.

Elles portent en elles l'espérance et la justification de notre temps ; si elles n'étaient là, nous serions en recul sur le passé.

Que sont devenus pour la moitié de notre société les droits de l'homme et du citoyen, formule de l'émancipation suprême de l'individu? Ils ont été broyés sous les forces économiques, qui ont refait l'équilibre de la société sans souci de la personne humaine.

La révolution de 89 n'avait affaire qu'à un monde où l'industrie appartenait aux artisans, la terre à la petite culture, le commerce aux petits capitaux. Elle rendit le monde à lui-même, en brisant les puissances factices, clergé, noblesse et royauté, qui s'y superposaient; elle lui assura des garanties d'ordre et de stabilité, en reconnaissant à chaque individu, maître de son sort, les droits civils et politiques, seule défense nécessaire contre la seule usurpation qu'on eût à craindre, celle de l'État.

Les paysans devenant propriétaires, les bourgeois disposant librement de leurs capitaux, les artisans pouvant accorder ou refuser leur travail, la loi de l'offre et de la demande allait suffire pour régler les rapports économiques. En effet, puisque tous les citoyens occuperaient des positions médiocres et à peu près semblables, et que la division des héritages fractionnerait sans cesse les trop grandes accumulations de richesses, on pouvait s'en remettre à la vigilance de chacun du maintien et de la défense de ses intérêts et de ses droits.

Les grandes causes perturbatrices d'un ordre aussi simple n'apparaissaient nulle part.

Qu'importeraient les associations des capitaux et des bras dans une pareille industrie ? Qu'importerait une entente entre les agriculteurs en vue de l'exploitation de la terre sur une échelle plus vaste ? L'abolition de la main-morte empêchait les capitaux ou les terres de redevenir jamais une puissance soustraite au fractionnement, et par là redoutable aux individus.

Aussi longtemps qu'aucun agent producteur nouveau n'était introduit, le travail né d'une association de bras restait à peu près identique à l'addition de tous les efforts individuels. Par conséquent ce n'était jamais là une véritable puissance collective mettant en danger la position de producteurs similaires non associés ; et le danger eût-il existé, les concurrents pouvaient y parer, par un simple acte de volonté, en recourant eux-mêmes à l'association, à la simple mise en commun de leur activité.

Les instruments de travail étant appropriés à la production individuelle, il n'était jamais impossible au grand nombre de les posséder en propre, et l'exploitation par le capital ne pouvait s'exercer que dans une limite assez étroite.

Il n'y avait que les grandes exploitations naturellement indivisibles, telles que les mines, qui pussent rompre l'équilibre de ce monde égalitaire, véritable ruche d'abeilles où toutes les cellules, par l'application d'activités équivalentes, deviendraient semblables. Mais la Constituante, en conservant à la nation la propriété du sous-sol, qui n'était concédé aux exploitants que sous des conditions à fixer par elle, gardait la haute main sur l'organisation de ce travail seul véritablement collectif, et le réformerait au besoin.

Une société ainsi faite était mûre pour la république ; aucune autre forme de gouvernement ne lui était logiquement applicable. Aussi, nous en sommes convaincus, les hommes de la Convention portèrent sur la guillotine une âme calme, une conscience satisfaite.

Leur œuvre était bon et la Révolution avait tenu toutes ses promesses. La grande Rome allait revivre telle qu'elle était aux beaux jours de la République, plus belle encore, puisque le patriciat était aboli et ne risquerait pas de troubler la liberté et les droits égaux des Français. Qu'importerait même un soldat heureux, s'emparant un moment de l'âme de ce peuple et la portant au loin avec toutes ses lumières ? Une Constitution économique aussi simple ferait toujours redescendre l'organisation politique à son niveau.

Vous tous, journalistes et représentants, qui empruntez à ce grand passé ses périodes les plus sonores, et qui sans cesse nous placez cette grande image devant les yeux, vous auriez dû vivre alors, et peut-être vos services eussent été à la hauteur de vos intentions !

Mais, sachez-le ! dans notre monde, à nous, où nous vivons et souffrons, vous n'êtes plus que des spectres vains. Et, comme le disait Hamlet à l'ombre de son père, lui parlant de dessous terre, le peuple peut vous crier aussi : Vieille taupe, va-t-en, tu m'égares !

LA FRANCE NOUVELLE.

Avec le siècle une force est née, qui a bouleversé tout cet ordre à peine entrevu ; le contre-coup s'en est fait partout sentir, et rien contre elle n'a jusqu'ici prévalu.

Cette force, c'est l'Industrie telle que nous la comprenons aujourd'hui, ayant besoin d'un énorme outillage, de vastes capitaux, d'une armée de travailleurs, entre lesquels le travail est subdivisé jusqu'aux dernières limites de la réduction humaine ; c'est l'industrie, jetant sur le marché universel des produits par masses, faisant appel à la concurrence effrénée, et, par l'intensité de cette guerre sans merci, aboutissant à des monopoles monstrueux ; c'est l'industrie, réformant tout le commerce, tout le crédit, par l'accumulation de ses capitaux sans cesse renouvelés, envahissant tout, ruinant tout effort individuel, ne permettant plus qu'il y ait autre chose autour d'elle que des monopoles semblables aux siens, avec des peuples de salariés impuissants contre cette hydre une, indivisible sur la face entière du monde ; c'est l'industrie, qui se porte partout, se crédite, se soutient de partout, est maîtresse de tous les États, de toutes les capacités, et peut frapper tout entière, comme la foudre, sur le moindre point où son immensité courrait l'ombre d'un péril.

Il n'y a plus d'artisans, plus guère de petits commerçants, la petite bourgeoisie s'éteint.

Déjà l'agriculture se ressent du voisinage de cet hôte terrible, car le draînage des petites propriétés a commencé. Les sociétés de finance auront raison de cette pauvre organisation propriétaire, par les hautes combinaisons de leur crédit ; mais parce que les campagnards n'ont pas universellement succombé, ils restent conservateurs, tandis que les ouvriers et les petits bourgeois, réduits en servage, sont invinciblement révolutionnaires, fatalement socialistes.

Contre cette puissance colossale, quelles armes employer? Citoyen Gambetta, vous paraissez nier que cette puissance écrasante existe ; êtes-vous donc de 1792, un Girondin ? ou même, si vous le voulez, un montagnard de talent ?... n'avez-vous donc jamais mis les pieds dans une usine, dans une mine, ou à la Croix-Rousse à Lyon ? Ignorez-vous que des milliers d'hommes là réunis, n'ont aucune garantie contre ce capital que d'autres ouvriers ont formé, qu'ils augmentent et dont ils dépendent ? Ignorez-vous que, moyennant l'avance d'un salaire journalier, et qu'il peut interrompre quand il lui plaît, le maître se croit quitte envers eux, règle l'administration, compromet l'industrie sans recours ; qu'il prend, rejette dans leur collectivité tous les ouvriers qu'il lui plaît de prendre ou de rejeter ; qu'il entreprend toutes les campagnes, affronte tous les risques, en traînant après lui, comme un troupeau, la vie et le sort d'un peuple de travailleurs ; qu'il peut, demain, vendre, anéantir cette industrie, dissoudre ce peuple sans qu'un reproche lui peut être adressé ; et si au moins lorsqu'elle est soumise à ce bon plaisir, à cet arbitraire absolu, cette population était heureuse ! mais sa misère est atroce ; les hommes ont dû appeler les femmes et les enfants au travail pour augmenter d'autant le maigre salaire ; la famille est détruite, toute liberté anéantie.

Et vous, citoyen Gambetta, qui refusez le droit de guerre au chef de l'Empire, vous laissez le droit absolu de guerre au chef d'industrie. Vous, qui contrôlez, au nom du suffrage universel, l'emploi des finances de la nation, vous laissez refuser aux ouvriers la connaissance même de l'état de l'industrie. Il importe que les sénateurs ne reçoivent plus trente mille francs, mais il est indifférent qu'une Compagnie industrielle s'assigne les bénéfices sans débat contradictoire. Vous attaquez avec vigueur les pressions administratives, mais vous comprenez le commerce rançonné par la Banque. Beaux citoyens, en vérité, que l'on nous forme là pour la république ! et que voilà bien des hommes faits pour analyser les discours de M. Favre ! Eussent-ils, même par un don gratuit, et pendant le temps qui leur reste, reçu l'instruction obligatoire !

LES COLLECTIVITÉS OUVRIÈRES.

Quelle arme peut rester à ces milliers d'hommes ? Une seule : la force collective, car cette industrie qui les rançonne les a du moins réunis en faisceaux, cette puissance collective qui les domine leur a donné du moins conscience de leur collectivité. Ils ne vivent que par elle, c'est la division de leur travail autour de la machine qui décuple le produit et les bénéfices, mais elle décuple aussi leur énergie de résistance, pourvu qu'ils restent aggrégés.

Ce n'est plus chaque homme qui peut prendre soin de lui-même, pourvoir à son propre sort, c'est la collectivité qui prendra soin de tous, comprendra, défendra les intérêts solidaires, empêchera la concurrence entre les bras qui les déprécie, et les opposera tous ensemble aux exigences injustes. C'est elle qui aura conscience des droits, non seulement de chaque travailleur, mais du travail, qui lui conquerra des garanties, lui assurera la permanence, écartera des risques communs, demandera compte au capital de l'emploi qu'il fait des richesses. C'est elle qui, s'affirmant, donnera un corps à chaque industrie, établira entre toutes des rapports communs, les affranchira de la concurrence effrenée aussi bien que du monopole absorbant. C'est elle qui, consciente de la solidarité des industries, reformera le système des échanges, organisera le crédit.

LES GRÈVES.

Cette collectivité, quelle sanction peut-elle trouver, dès aujourd'hui, qui ne fasse pas de ses revendications des formes vaines de l'impuissance ? Elle n'en a qu'une : le refus collectif du travail, la grève.

Et, puisque les ouvriers n'ont trouvé à la revendication de leurs droits qu'une sanction unique : le refus collectif du travail, cela ne prouve-t-il pas que tous les droits politiques qu'on leur accorde leur sont inutiles ? car il n'est pas croyable qu'un moyen aussi terrible, entraînant tant de souffrances serait employé, s'ils voyaient ouverte une autre voie efficace.

Mais les grèves ne sont qu'un instrument négatif, temporaire ? Non. Elles sont une idée, parce qu'elles sont une affirmation de la collectivité et de ses droits. Elles sont une méthode, parce qu'elles sont susceptibles d'organisation, de régularité, d'entente commune entre toutes les industries. Elles sont un instrument propre au monde industriel, ce qui est un bien, puisqu'ainsi elles n'agissent que là où elles doivent agir, sans porter atteinte aux droits d'autrui. Comme elles ont leur domaine restreint : le monde des salariés, que, frappée au cœur, c'est l'organe principal de la circulation directement atteint. Que si, abandonnant en partie l'industrie, et se désertant lui-même, il voulait se replier sur l'agriculture pour y trouver des jours plus calmes, il ne le pourrait qu'en réduisant bientôt les agriculteurs eux-mêmes au rang des salariés. Alors eux aussi auraient la grève, et la révolution serait universelle.

LES RÉUNIONS PUBLIQUES.

Mais le monde moderne n'a pas seulement recours aux forces collectives par la fatalité des choses et la nature des lois qui régissent le monde économique. Les théories sont adéquates à l'action. Voilà ce qui montre un mouvement profondément humain, nécessaire, où la logique spontanée des hommes marche d'accord avec la nature même des choses.

Pourquoi, quand les réunions publiques se

sont ouvertes, les principes les plus opposés à l'individualisme exclusif ont-ils été le cri unanime de toutes ? Pourquoi la tradition de la première révolution ainsi rompue, dans toutes les villes, partout où les victimes du siècle se sont trouvées brusquement en présence après vingt ans de silence et d'isolement ? Parce que telle est l'idée nécessaire qui ressort du monde nouveau. Parce que l'âme du peuple salarié avait été pétrie par des nécessités plus évidentes que vos plus beaux discours, o représentants ! Voilà l'unité sociale que vous niez !

Seulement il ne faut pas séparer l'idée de son application qui la précise, la définit et la limite. Quand les ouvriers en réunion publique parlent des droits de la collectivité, ils semblent parler d'une collectivité quelconque, abstraite, absolue, la nation entière, l'humanité même ! Quand, rentrés dans l'atelier, ils veulent pratiquer par la grève la force collective, ils voient bientôt qu'entière dans l'atelier, elle ne s'étend pas au delà ; s'ils veulent obtenir aide d'un autre atelier même similaire, il doit librement la leur accorder sans qu'ils puissent exercer de pression , sans qu'ils veuillent eux aussi en souffrir. Les intérêts collectifs de tous les ouvriers d'une même industrie se laissent ensuite comprendre, mais quelle séparation profonde, quel antagonisme

entre ceux-ci et ceux d'une autre industrie ?
Et ainsi, d'atelier en atelier, d'industrie en industrie, on voit naître, l'une à côté de l'autre,
des collectivités diverses, chacune autonome,
ne pouvant s'entendre qu'en vertu de conditions librement débattues. Mais qu'en face de
toutes ces industries réunies en système on
place l'agriculture, on place le commerce,
voilà des intérêts distincts et même des orga-
nisations opposées du travail, des tendances
propres.

Ainsi, par la pratique, l'ouvrier collecti-
viste, presque communiste des réunions publiques, voit naître l'opposition, l'équilibre
des droits ; son unité communiste se frac-
tionne et vingt unités nouvelles s'en dégagent,
et dans chacune d'elles, pensant alors à lui-
même, il cherche bientôt les rapports devant
exister entre chaque homme et la collectivité
particulière à laquelle il appartient. Et ainsi
le droit individuel, les droits collectifs et
l'équilibre des collectivités se détachent, se
définissent, se balancent dans son esprit
comme un système de mondes.

Une conception nouvelle de la société est
née, fondée tout entière sur le travail, sur ses
intérêts et ses garanties, plus belle, plus libre
et plus complète qu'aucune de celles qui
jusqu'ici ont dominé l'humanité.

Car qu'est-ce que l'entente et la communauté entre des agglomérations territoriales d'individus, confondant tous les intérêts, qui forment nos nations et nos Etats d'aujourd'hui, et cette harmonie des intérêts groupés que le monde moderne porte en lui comme l'embryon de la société prochaine ?

O vous tous, citoyens représentants, et vous citoyens journalistes, qui parlez si légèrement des grèves et qui osez attaquer comme insensées les réunions publiques, vous êtes en dehors de la Révolution du XIX° siècle. C'est pour cela que vous n'entendez rien au gouvernement du pays, rien au mouvement des choses, rien à l'état des esprits. C'est pour cela que ce plébiscite vous afflige et vous abat, quand il réjouit les vrais révolutionnaires. Car qu'y a-t-il de plus beau pour un peuple que de voir qu'il a partout conscience de lui-même ? Dans les campagnes, puisqu'elles ont compris qu'elles n'avaient rien à attendre d'une simple réforme dans le gouvernement, et qu'elles n'ont pas daigné vous en faciliter l'entrée ! Chez le peuple ouvrier et dans les villes, puisqu'ils ont affirmé la nécessité de la révolution, et que dans toutes leurs réunions, d'accord sur le mouvement des grèves, ils ont affirmé qu'elle serait sociale et comment elle serait sociale !

En dehors de vous, sans vous s'accomplit la Révolution. Que les ouvriers, que le peuple des villes la poursuivent, c'est à eux de la faire, ils peuvent seuls affirmer le droit nouveau, celui des collectivités productrices.

L'ORGANISATION.

Cette force anonyme, elle grandit, elle s'exerce à l'action, elle est irréductible comme le travail, comme la civilisation ; elle sera victorieuse.

Deux fois en vingt-deux ans vous l'avez vue devant vos yeux, en plein soleil, se dresser, deux fois, vous l'avez méconnue.

La première fois, en juin 1848. Vous occupiez alors, avocats, journalistes, hommes de tous les talents et de toutes les intrigues, les sommets de la République. Vous vîtes le peuple ouvrier dans la rue, armé, terrible, qu'y avez-vous compris? Jusqu'ici vous n'avez pas songé seulement à expliquer cette manifestation immense, sans précédents! Un peuple en armes, au milieu d'une République, et la République prétendant ignorer ce qu'il voulait, l'ignorant peut-être, et décimant une population entière, sans savoir s'il y avait une

idée dans cette force prétendûment aveugle.
C'était la Révolution qui commençait et vous
croyiez voir la fin du monde !

La seconde fois, vous venez de le voir encore, le peuple ouvrier ! Vous avez pu le suivre
dans ses réunions, le surprendre dans ses
grèves, l'étudier dans son vote, et, encore une
fois, vous condamnez, vous jetez l'excommu-
nication, et vous ne comprenez pas ! De tant
de moyens divers de se manifester à vous, il
n'en est pas un qui vous ouvre les yeux.
Aveugles et sourds, que faites-vous donc à la
place que vous occupez ?

Restez-vous donc dans le voisinage du pouvoir pour aider encore une fois à sauver la société comme vous le fîtes en juin ?

Mais, sachez-le, le peuple ouvrier, qui alors
se présentait à vous avec une organisation
semblable à la vôtre, une armée, pouvait être
brisé, disséminé par votre force. Avec son organisation nouvelle le peuple ne craint rien.

Qu'importerait aujourd'hui un massacre
comme celui de juin, un coup d'État comme
celui de décembre ?

Faites donc saisir dans son lit, envoyez
donc à Cayenne tout le peuple des grandes
villes, tous les ouvriers de l'industrie française !

Cette grande foule est anonyme, elle n'a

pas de chefs, pas de meneurs, elle pousse de l'avant par une force également anonyme, fatale, la grève ; elle parle par assemblées énormes, insaisissables, s'agglomérant et se dispersant à volonté, les réunions publiques.

On supprimerait tous les droits qu'on peut supprimer, la presse, la parole, l'association ! Qu'importe encore !

Il existe des réunions, des associations nées de la force des choses, les seules réelles, les seules durables, les seules définitivement fécondes : ce sont les groupements ouvriers que crée l'organisation collective du travail. Pour rompre le mouvement socialiste, dissolvez les ateliers, interdisez le travail dans les manufactures, dans les mines ; isolez les uns des autres les millions de travailleurs, et faites de toutes les villes d'immenses prisons cellulaires.

Si vous ne pouvez cela, vous ne pouvez rien.

Car l'atelier, c'est la force collective ; la force collective, c'est l'idée socialiste, c'est la grève, c'est la perturbation jetée dans votre société, c'est mieux que la révolution d'un jour, c'est la révolution en permanence, jusqu'à ce que justice soit rendue.

Et si, au lieu de réprimer on voulait promettre, séduire, corrompre, qu'importe encore !

Tous les moyens anciens de dominer et de corrompre les peuples échoueront ici. Car ce que la réaction doit combattre, ce ne sont pas des hommes, mais des besoins et des faits; ce ne sont pas des partis, c'est l'universalité du peuple travailleur ; ce ne sont pas les combinaisons d'un jour, mais les lois mêmes du monde économique ; ce ne sont pas, en un mot, les volontés des hommes, c'est la force des choses.

C'est pour cela aussi que la révolution économique n'a qu'à prendre pleine conscience d'elle-même pour s'accomplir irrésistiblement.

L'organisation du parti révolutionnaire, où faut-il la prendre par conséquent ? Dans les choses : dans les grèves et dans les réunions publiques !

Que les grèves soient organisées sur un vaste pied, deviennent le grand instrument de guerre, que les réunions publiques soient centralisées en une action commune, la Révolution existe, irréductible dans le sein de la France.

Aux hommes de la génération nouvelle de rompre avec l'ancienne politique, celle de l'État.

Qu'ils aident en France, à donner au socialisme un corps, comme il en a un en Belgique ; que ce corps se pénètre d'une pensée unique, qu'il se lève et marche, et renverse l'ancien monde !

ERRATA.

Page 14, ligne 11, au lieu de 1844, lisez 1848.

Page 25, ligne 6, au lieu de *peut*, lisez *puisse*.

Page 28, après la 8me ligne, intercalez le passage suivant :

dans ce domaine elles peuvent suffire à une foule de besoins, poursuivre tous les abus, se plier à toutes les circonstances, elles y peuvent parvenir à leur but, accomplir la révolution industrielle. Qu'on le remarque du reste, tous les anciens moyens de contrainte sont impuissants à leur égard. L'État, avec son armée, ses policiers, ses magistrats, ne peut rien contre les ouvriers refusant le travail. Et comme le capital industriel est le plus considérable, l'interdit jeté sur lui, c'est la société

Page 31, ligne 5, au lieu de *et*, lisez *devant*.